Waffelrezepte

Das Rezeptbuch für die besten Waffelrezepte
-Leckere und köstliche Rezepte zum selber machen
ganz einfach mit dem Waffeleisen – süß und herzhaft

Gourmet Masters

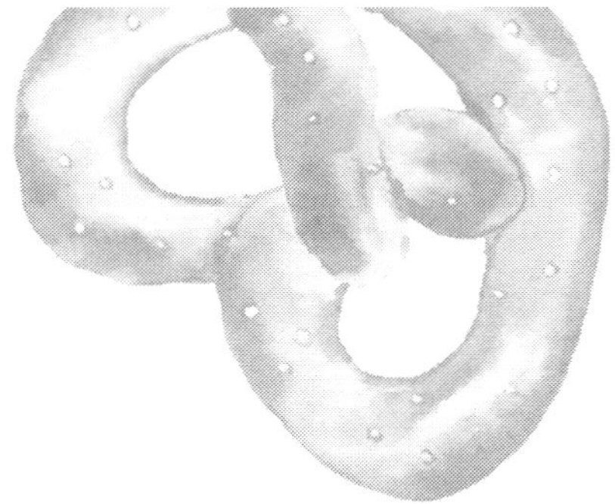

GOURMET MASTERS

WAFFELREZEPTE

Wer sind die Gourmet Masters?

Einleitung

„Kochen ist wie Malen oder Komponieren: Es gibt nur eine bestimmte Anzahl an Farben und Noten. Entscheidend ist, wie du sie miteinander verbindest!"
Wolfgang Puck

Die Gourmet Masters sind ein Team von drei jungen Köchen, die es sich zur Aufgabe gemacht haben, ihre gesammelten Erfahrungen, in Form von leicht nachzumachenden Rezepten, weiterzugeben. Sie lieben es Kochbücher zu den verschiedensten Themen zu kreieren, um dem Leser so die Freude am Kochen zu vermitteln. Geballte Kochkunst trifft hierbei auf Kreativität und lässt die Gourmet Masters somit zu einem einzigartigen Team werden. Die Lust am Kochen und die damit verbundene Ambition anderen Menschen zu helfen, qualifiziert die Gourmet Masters umso mehr. Schon früher hatten die 3 viel Spaß daran verschiedene Rezepte zu entwickeln und diese immer weiter auszubauen und zu perfektionieren. Heutzutage haben Sie viele verschiedene Bücher über die unterschiedlichsten Kochbereichen auf den Markt gebracht und versuchen immer weiterzumachen.
Ein weiterer wichtiger Aspekt, den die Gourmet Masters verfolgen ist das Thema Umwelt und Nachhaltigkeit, wodurch Sie versuchen die Bücher so kompakt, wie möglich zu gestalten. Dadurch haben die Bücher ein eher handliches Format und sind somit leichter in der Küche zu verstauen. Zudem ist es wichtig zu erwähnen, dass die Gourmet Masters versuchen, dem Verbrauch von Holz und Papier entgegen zu wirken, indem ein gewisser Prozentsatz der Einnahmen für wohltätige Zwecke gespendet wird. Diese Spenden gehen an Organisationen, wie "Plant-for-the-Planet", die durch die Spenden neue Bäume pflanzen und versuchen die Welt nachhaltig zu verbessern.

Gourmet Masters

Generelle Zutaten

Einleitung

Generell sind Waffeln ein sehr wandelbares Rezept. Sie können sowohl süß als auch herzhaft zubereitet werden. In diesem Buch finden Sie viele ausgefallene Rezepte und Interpretationen von verschiedenen Waffelrezepten. Neben den eher klassischeren Rezepten finden Sie in diesem Buch auch glutenfreie Waffelrezepte, Low-Carb Waffelrezepte und vieles mehr. Doch bevor es los geht, können Sie hier die Zutaten sehen, die man grundsätzlich beim Zubereiten von Waffeln benutzt:

- Butter
- Mehl
- Milch
- Eier
- Zucker
- Vanillezucker
- Backpulver
- Salz

Die Zutaten können jedoch auch sehr vielseitig variiert werden, wodurch es oft auch zu Abwandlungen und Variationen kommen kann. Mit der Zeit kriegen Sie hoffentlich ein Gefühl für die Zubereitung und schaffen es vielleicht auch eigene Kreationen zu entwickeln.

Tipps und Tricks

Einleitung

Um Ihnen den Einstieg in die Waffelwelt zu erleichtern haben wir Ihnen in den nachfolgenden Zeilen einige wichtige Tipps und Tricks rund um das Thema Waffeln bereitgestellt. Wir hoffen, dass diese Ihnen den Einstieg erleichtern.

Hitzegrad:	Damit die Waffeln nicht anbrennen, sollten Sie das Waffeleisen nicht zu heiß einstellen. Das Waffeleisen am besten auf höchster Stufe vorheizen und dann auf mittlere Temperatur herunterschalten und den Teig einfüllen.
Butter/Pflanzenöl:	Um zu verhindern, dass die Waffeln nach dem Backen am Waffeleisen kleben bleiben, sollten Sie das Waffeleisen mit neutralem Pflanzenöl oder Butter bestreichen und erst dann den Teig einfüllen.
Auf die Menge achten:	Damit alle Waffeln ungefähr gleichmäßig groß werden, am besten immer 2-3 Esslöffel Teig in das Waffeleisen geben.
Ausdampfen:	Die fertigen Waffeln entweder sofort servieren oder nebeneinanderlegen und sie ausdampfen lassen, da sie schnell pappig werden können, wenn man sie aufeinanderstapelt.
Einfrieren:	Übrig gebliebene Waffeln können optimal in Pergamentpapier eingewickelt werden und dann in einem Gefrierbeutel eingefriert werden. Danach einfach bei 220 Grad für 10 Minuten aufbacken.

Keine Bilder?

Einleitung

Bevor es Kritik und negativen Rezensionen aufgrund fehlender Bilder gibt, möchten wir Ihnen kurz erklären, warum wir dieses Kochbuch so gestaltet haben.
Normalerweise findet man in Kochbüchern viele Hochglanzfotos, die Lust auf das Gericht machen sollen. Diese Kochbücher kosten in der Regel 20€ oder mehr und sind dazu meistens relativ groß, schwer und unhandlich. Und sind wir mal ehrlich, in der Küche ist es meistens sowieso ziemlich eng beim Kochen oder Backen. Das teure Kochbuch landet dann schnell mal im Regal und kommt gar nicht mehr zur Anwendung.
Stattdessen greifen Sie zurück auf Rezepte, die Sie im Internet finden, drucken diese aus und haben dann schnell eine unübersichtliche Ansammlung an Zetteln mit Rezepten.
Deshalb haben wir uns bewusst dazu entschieden, auf Bilder zu verzichten, um Ihnen dafür die vielen und leckeren Rezepte zu einem günstigen Preis zu ermöglichen.
Wir haben uns auch bewusst für ein handliches Format entschieden, so können Sie das Kochbuch ohne Probleme in der Küche verwenden, da es weder zu dick noch zu schwer ist.
Wir bitten um Ihr Verständnis und hoffen, dass Ihr auch so Spaß daran haben werdet, die für euch geschriebenen Rezepte umzusetzen.
Wir wünschen Ihnen einen guten Hunger und viel Erfolg bei der Umsetzung der nachfolgenden Rezepte.

Rezepte

Inhaltsverzeichnis

Wir wünschen Ihnen nun viel Spaß und Erfolg bei der Umsetzung der nachfolgenden Rezepte

Klassische Waffelrezepte

Rezepte

Auf den nachfolgenden Seiten finden Sie Rezeptideen für klassische Waffelrezepte

Belgische Waffeln

Geeignet für: 10 Portionen

Zubereitungszeit: 10 Minuten

Diese Zutaten benötigen Sie:

- 400ml Milch
- 20g Hefe
- 500g Mehl
- 175g Butter
- 100g Zucker
- 1Pck. Vanillezucker
- 3 Eier
- Etwas Salz

So gehen Sie vor:

1. Die Milch erwärmen und die Hefe dazu geben und umrühren, bis sie sich auflöst. Dann Vanillezucker, Zucker, Mehl und die Prise Salz miteinander vermischen und dann mit der Hefemilch verrühren. Nun den flüssigen Teig, für 45 Minuten stehen lassen.
2. Butter schmelzen. Eier aufschlagen und Eigelb vom Eiweiß trennen. Das Eigelb verquirlen und das Eiweiß steif schlagen.
3. Geschmolzene Butter und Eigelb in den Teig geben und den Eisschnee unterheben.
4. Jetzt nur noch das Waffeleisen vorheizen und mit etwas Butter einfetten, den Teig portionsweise hinzugeben und je nach Belieben backen lassen.

Klassische Waffeln

Geeignet für: 8-10 Portionen

Zubereitungszeit: 15 Minuten

Diese Zutaten benötigen Sie:

- 200ml Milch
- 250g Mehl
- 120g flüssige Butter
- 1Pck. Vanillezucker
- 3 Eier
- 10g Backpulver
- 70g Puderzucker

So gehen Sie vor:

1. Das Mehl, den Puderzucker, das Backpulver und den Vanillezucker miteinander vermischen. Anschließend die flüssige Butter, die Milch und die Eier untermengen und zu einem Teig verrühren.
2. Das Waffeleisen vorheizen und mit etwas Butter einfetten.
3. Nun kann der Teig portionsweise auf das Waffeleisen gegeben werden und je nach Belieben gebacken werden.

Cheesecake Waffeln

Geeignet für: 8 Portionen

Zubereitungszeit: 10 Minuten

Diese Zutaten benötigen Sie:

- 400g Frischkäse
- 4 Eier
- 100g Zucker
- 1 EL Zitronensaft
- 1 TL Vanilleextrakt
- 50g Mehl
- Etwas Salz

So gehen Sie vor:

1. Den Frischkäse und die Eier miteinander verrühren, so dass eine cremige Masse entsteht.
2. Anschließend den Vanilleextrakt und den Zitronensaft unterrühren.
3. Nun das Mehl, den Zucker und das Salz unter die zubereitete Frischkäsemasse heben.
4. Das Waffeleisen vorheizen und mit etwas Butter einfetten, dann den Teig portionsweise einfüllen und je nach Belieben backen.

Leichte luftige Waffeln

Geeignet für: 8 Portionen

Zubereitungszeit: 10 Minuten

Diese Zutaten benötigen Sie:

- 200ml Milch
- 250g Mehl
- 3 Eier
- 100g Butter
- 2 ½ EL Zucker
- 3 TL Backpulver

So gehen Sie vor:

1. Die Butter mit dem Zucker vermischen und anschließend die Eier unterrühren.
2. Das Backpulver mit dem Mehl vermengen und zusammen mit der Milch in die Buttermasse einrühren.
3. Das Waffeleisen vorheizen und mit etwas Butter einfetten, dann den Teig portionsweise einfüllen und je nach Belieben backen.

Tipp: Dazu passen optimal Früchte, Sahne oder Schokoladensoße.

Joghurt Waffeln

Geeignet für: 12 Personen

Zubereitungszeit: 10 Minuten

Diese Zutaten benötigen Sie:

- 250ml Milch
- 300g Joghurt (Vanille)
- 150g Butter
- 45g Zucker
- 350g Mehl
- 4 Eier
- 1 Packung Vanillezucker
- 1 TL Backpulver
- Etwas Salz

So gehen Sie vor:

1. Butter und Zucker miteinander verrühren. Dann den Joghurt, den Vanillezucker und die Eier dazugeben und nochmal gut verrühren.
2. Mehl, etwas Salz und Backpulver herbeiführen und mit der Milch verflüssigen und wieder verrühren, bis eine dickflüssige Masse entsteht.
3. Das Waffeleisen vorheizen und mit etwas Butter einfetten, dann den Teig portionsweise einfüllen und je nach Belieben backen.

Vollkorn Waffeln

Geeignet für: 8 Portionen

Zubereitungszeit: 10 Minuten

Diese Zutaten benötigen Sie:

- 250ml Wasser
- 200g Weizen
- 2 EL Agavendicksaft
- 50g milchfreie Margarine
- 1 TL Zimt
- Etwas Salz

So gehen Sie vor:

1. Getreide zermahlen und mit dem Zimt und etwas Salz verrühren.
2. Die Getreidemischung zusammen mit der Margarine, dem Agavendicksaft und dem Wasser, zu einem Teig verarbeiten.
3. Der Teig muss jetzt ca. 45 Minuten stehen gelassen werden und kann dann anschließend portionsweise in dem vorgeheiztem Waffeleisen gebacken werden.

Mandelwaffeln

Geeignet für ca.: 8 Portionen

Zubereitungszeit: 10 Minuten

Diese Zutaten benötigen Sie:

- 150g Butter
- 180 Weizenmehl
- 120ml Milch
- 125g Zucker
- 4 Eier
- 3 TL flüssiger Vanille-Extrakt
- 1 TL Backpulver
- 1 TL gemahlene Mandeln
- Etwas Salz

So gehen Sie vor:

1. Butter mit Hilfe eines Mixers zu cremiger Masse verrühren und nacheinander Salz, Zucker und den Vanille-Extrakt unterrühren.
2. Eier dazugeben und weiter rühren.
3. Das Mehl, die Mandeln und das Backpulver ebenfalls miteinander vermischen und zusammen mit der Milch in die cremige Masse einrühren.
4. Das Waffeleisen vorheizen und mit etwas Butter einfetten, dann den Teig portionsweise einfüllen und je nach Belieben backen.

Biskuit Waffeln

Geeignet für ca.: 8 Portionen

Zubereitungszeit: 10 Minuten

Diese Zutaten benötigen Sie:

- 150g Mehl
- 100g Zucker
- 5 EL Wasser (heiß)
- 1 Zitrone
- 5 Eier
- ½ TL Backpulver

So gehen Sie vor:

1. Wasser mit Zucker und dem Eigelb schaumig schlagen. Dann das Mehl mit dem untergemischten Backpulver unterrühren.
2. Eiweiß steif schlagen und unter den Teig ziehen.
3. Das Waffeleisen vorheizen und mit etwas Butter einfetten, dann den Teig portionsweise einfüllen und je nach Belieben backen.

Brownie Waffeln

Geeignet für ca.: 8 Portionen

Zubereitungszeit: 10 Minuten

Diese Zutaten benötigen Sie:

- 140g Mehl
- 180g Butter
- 90g Kakao
- 4 Eier
- 180g Zucker
- 220g Schokotropfen
- 125ml Wasser
- 4 TL Vanilleextrakt
- 2 TL Backpulver
- Etwas Salz

So gehen Sie vor:

1. Mehl, Backpulver, Zucker, Kakao und das Salz miteinander vermischen.
2. Wasser, Vanilleextrakt und Eier ebenfalls vermischen, dann schaumig rühren und unter die Mehl Mischung heben.
3. Die Butter schmelzen und anschließend abkühlen lassen und zusammen mit den Schokotropfen in die Mischung hinzugeben.
4. Das Waffeleisen vorheizen und mit etwas Butter einfetten, dann den Teig portionsweise einfüllen und je nach Belieben backen.

Vanille Waffeln

Geeignet für ca.: 8 Portionen

Zubereitungszeit: 10 Minuten

Diese Zutaten benötigen Sie:

- 200g Mehl
- 140g Zucker
- 170g Butter
- 100ml Milch
- 4 Eier
- 1 TL Backpulver
- 1 Packung Pudding-pulver (Vanille)
- Etwas Salz

So gehen Sie vor:

1. Die Butter mit einem Mixer zu einer cremigen Masse verarbeiten.
2. Salz und Zucker dazugeben und nochmal gut umrühren.
3. Die Eier ebenfalls hinzugeben und mit dem Mixer unterrühren.
4. Das Backpulver, das Mehl und das Puddingpulver, abwechselnd mit der Milch zu der Cremigen Masse geben.
5. Das Waffeleisen vorheizen und mit etwas Butter einfetten, dann den Teig portionsweise einfüllen und je nach Belieben backen.

Herzhafte Waffelrezepte

Rezepte

Auf den nachfolgenden Seiten finden Sie Rezeptideen für herzhafte Waffelrezepte

Pizza Waffeln

Geeignet für ca.: 8 Portionen

Zubereitungszeit: 10 Minuten

Diese Zutaten benötigen Sie:

- 150g Mehl
- 120g Butter
- 50g gemahlene Hasel-nüsse
- 100g Schinken
- 130ml Wasser
- 4 Eier
- 1 EL Tomatenmark
- ½ TL Backpulver
- Salz, Pfeffer, Pizzage-würze

So gehen Sie vor:

1. Den Schinken in Mundgerechte Stücke schneiden und anschließend alle Zutaten miteinander zu einem Teig verarbeiten.
2. Das Waffeleisen vorheizen und mit etwas Butter einfetten, dann den Teig portionsweise einfüllen und je nach Belieben backen.
3. Die Pizza Waffeln können nun serviert werden.

Schinken Waffeln

Geeignet für ca.: 5 Portionen

Zubereitungszeit: 25 Minuten

Diese Zutaten benötigen Sie:

- 125g Margarine
- 250g Mehl
- 4 Eier
- 125ml Wasser
- 2 TL Backpulver
- 100g Schinken
- 1 Zwiebel(gewürfelt)
- 1 Gewürzgurke
- Prise Salz, Pfeffer, Zucker, Paprikapulver

So gehen Sie vor:

1. Aus den ersten 5 Zutaten einen Rührteig zubereiten. Dann den Schinken klein schneiden und zusammen mit der gewürfelten Zwiebel und den Gewürzgurken in den Teig geben. Nun mit Gewürzen abschmecken.
2. Das Waffeleisen vorheizen, mit Butter bestreichen und die Waffeln für ca. 4 Minuten backen

Tipp: Bruschetta schmeckt zu den Schinkenwaffeln sehr gut.

Mozzarella Waffeln

Geeignet für ca.: 4 Portionen

Zubereitungszeit: 10 Minuten

Diese Zutaten benötigen Sie:

- 150g Mehl
- 150g Paniermehl
- 2 Eier
- 2 Mozzarella Kugeln

So gehen Sie vor:

1. Drei Teller vorbereiten, einen mit den verquirlten Eiern, den zweiten mit Paniermehl und den letzten mit dem Mehl.
2. Die Mozzarella mit den Zutaten auf dem Teller eindecken, so dass ein gleichmäßiger Außenbelag entsteht.
3. Das Waffeleisen vorheizen und die Mozzarella für ca. 1 Minute backen.

Tipp: Dazu passt Tomatenketchup oder andere Dips.

Belgische Käse Waffeln

Geeignet für ca.: 5 Portionen

Zubereitungszeit: 5 Minuten

Diese Zutaten benötigen Sie:

- 100g geriebenen Hart-käse
- 200g Mehl
- ¼ Liter Buttermilch
- 2 Eier
- 75 Sauerrahm
- 1 TL Thymian
- Etwas Salz/Pfeffer

So gehen Sie vor:

1. Um den Teig herzustellen, einfach alle Zutaten miteinander verrühren und mit den Gewürzen abschmecken.
2. Das Waffeleisen vorheizen und den Teig portionsweise für ca. 4 Minuten backen.

Feta Käse Waffeln

Geeignet für ca.: 8 Portionen

Zubereitungszeit: 12 Minuten

Diese Zutaten benötigen Sie:

- 200g Dinkelmehl
- 200g Butter
- 150g geriebenen Feta-Käse
- 4 Eier
- 6 EL Mineralwasser
- ½ Bund Schnittlauch
- ½ TL Paprikapulver
- ½ TL Salz
- 1 TL Backpulver
- Etwas Petersilie

So gehen Sie vor:

1. Mehl und Backpulver vermischen. Butter und Salz miteinander verrühren. Anschließend die 4 Eier unterrühren und die Mehlmischung darüber sieben. Dann Mineralwasser unterrühren.
2. Den Feta Käse und das Paprikapulver ebenfalls unter den Teig rühren, genau wie die klein geschnittene Petersilie und den Schnittlauch.
3. Das Waffeleisen vorheizen und den Teig portionsweise für ca. 4 Minuten backen.

Kartoffel Waffeln

Geeignet für ca.: 8 Portionen

Zubereitungszeit: 60 Minuten

Diese Zutaten benötigen Sie:

- 300g mehlig kochende Kartoffeln
- 100g Butter
- 150g Speisestärke
- 100g saure Sahne
- 100ml Vollmilch
- 4 Eier
- 1 Zwiebel
- 1 TL Backpulver
- 4 Stängel Petersilie
- ½ TL Zucker
- 1 TL Salz/Pfeffer
- Prise Muskatnuss

So gehen Sie vor:

1. Kartoffeln schälen und grob in eine Rührschüssel raspeln. Petersilie und Zwiebel klein schneiden und unter die Kartoffeln heben. Dann in einem Topf Butter zum Schmelzen bringen und abkühlen lassen.
2. Eier und flüssige Butter unter die Kartoffelmasse rühren.
3. Speisestärke und Backpulver auf die Masse sieben und zusammen mit der sauren Sahne und der Milch unterrühren.
4. Teig mit Salz Pfeffer und Muskat abschmecken und anschließend die Rührschüssel mit einem Teller abdecken und für ca.10 Minuten bei Raumtemperatur stehen lassen.
5. Das Waffeleisen vorheizen, mit Butter bestreichen und die Waffeln für ca. 4 Minuten backen

Kürbis-Kartoffel Waffeln

Geeignet für ca.: 8 Portionen

Zubereitungszeit: 20 Minuten

Diese Zutaten benötigen Sie:

- 300g Kartoffeln
- 300g Kürbisse
- 1 Zwiebel
- 1 Chilischote
- 2 Eier
- 3 EL Mehl
- 1 TL Salz

So gehen Sie vor:

1. Die Kartoffeln und den Kürbis schälen und fein reiben. Zwiebeln und Chilischoten fein würfeln.
2. Zutaten mit Salz, Mehl und den Eiern in eine Schüssel geben und verrühren (10 Minuten stehen lassen).
3. Das Waffeleisen vorheizen und den Teig portionsweise für ca. 4 Minuten backen.

Tipp: Dazu passt optimal ein Dip und ein Salat.

Blätterteig-Waffeln mit Lachs

Geeignet für ca.: 4 Portionen

Zubereitungszeit: 30 Minuten

Diese Zutaten benötigen Sie:

- 4 Scheiben Blätterteig
- 50g Comté-Käse
- 3 Stiele Dill
- 3 EL Crème fraîche
- 6 Scheiben Räucherlachs
- Salz, Pfeffer

So gehen Sie vor:

1. Blätterteigscheiben auftauen lassen, Käse reiben und den Dill waschen und trocknen.
2. 2 Blätterteigscheiben aufeinanderlegen und rechteckig ausrollen. 2 Hälften dünn mit Crème fraîche bestreichen und mit Lachs belegen. Dann mit Käse und Dill bedecken.
3. Die anderen Teighälften darauflegen und fest zusammendrücken.
4. Waffeleisen erhitzen und mit Fett bestreichen. Teig-Sandwiches ca.6-10 Minuten goldbraun backen.

Köstlicher Waffel-Burger

Geeignet für ca.: 4 Burger

Zubereitungszeit: 50 Minuten

Diese Zutaten benötigen Sie:

Für die Waffeln:

- 100g gemahlene Haferflocken
- 100g Buchweizenmehl
- 3 Eier
- 200 ml Buttermilch
- 2 TL Backpulver
- 2 EL Olivenöl
- 200 ml Buttermilch
- etwas Paprikapulver
- 1 Prise gemahlener Kurkuma
- Salz und Pfeffer

Für die Tomatensalsa:

- 2 EL Olivenöl
- 1 EL weißer Balsamicoessig
- 3 Tomaten
- 1 Zwiebel

Für das Belegen:

- Etwas Rucola
- 8 Scheiben Bacon
- 400 g Rinderhack
- 1 Avocado
- 1/2 Bund Petersilie
- 1 Zwiebel
- 8 Scheiben Käse

So gehen Sie vor:

1. Buchweizenmehl mit gemahlenen Haferflocken und dem Backpulver mischen. Die Eier, Kokosöl und Buttermilch dazugeben und alles zusammen verquirlen. Mit den angegeben Gewürzen (Salz, Pfeffer...) abschmecken. Anschließend Teig in den Kühlschrank stellen.
2. Dann die Zwiebeln und Tomaten in kleine Würfel schneiden und mit dem Olivenöl und dem weißen Balsamico vermengen und mit Salz und Pfeffer würzen.
3. Das Rinderhack zusammen mit klein gehackter Petersilie und Zwiebel vermischen und in 4 gleichgroße Burger Buletten formen. Dann können die Buletten in einer Pfanne oder auf dem Grill gebraten werden und zum Schluss mit Käse belegt werden.
4. Die Avocado in dünne Scheiben schneiden und den Bacon krossbraten.
5. Das Waffeleisen vorheizen und den Teig portionsweise für ca. 4 Minuten backen.
6. Die Waffeln etwas abkühlen lassen und anschließend belegen. Dafür einfach etwas Rucola auf die Waffel geben und ca. 2 EL Tomatensalsa. Dann ein paar Avocado Scheiben drauflegen und die Burger Bulette mit dem darauf geschmolzenen Käse. Zum Schluss noch die Bacon Streifen auf den Burger legen und mit einer weiteren Waffel zudecken.

Sandwich Waffeln mit leckerer Creme

Geeignet für ca.: 14 Sandwiches

Zubereitungszeit: 30 Minuten

Diese Zutaten benötigen Sie:

Für die Waffeln:

- 3 Eier
- 100g weiche Butter
- 80g Zucker
- 200ml Milch
- 250g Mehl
- 2 TL Backpulver
- 4 TL Vanillezucker
- 2 EL Backkakao
- Fett für das Waffeleisen

Für die Creme:

- 100g Joghurt
- 200g Frischkäse
- 2 EL Zitronensaft
- 4 EL Zucker
- Etwas Zitronenschale

So gehen Sie vor:

1. Alle Zutaten, bis auf das Kakaopulver, in eine Schüssel geben und umrühren.
2. Eine Hälfte des verrührten Teigs in eine andere Schüssel geben und zusätzlich das Kakaopulver dazu mischen.
3. Für die Creme, alle dafür notwendigen Zutaten vermischen und anschließend in den Kühlschrank stellen.
4. Das Waffeleisen vorheizen, mit Butter bestreichen und die Waffeln für ca. 4 Minuten backen.
5. Immer jeweils ein Waffelherz mit der Frischkäse-Creme bestreichen und mit einem weiteren Herz zu einem Sandwich dekorieren.

Vegane Waffelrezepte

Rezepte

Auf den nachfolgenden Seiten finden Sie vegane Waffelrezeptideen

Vollkornwaffeln

Geeignet für ca.: 8 Portionen

Zubereitungszeit:
20 Minuten+1h Ruhezeit

Diese Zutaten benötigen Sie:

- 250ml Wasser
- 200g Dinkelmehl
- 50g Margarine
- 2EL Ahornsirup
- Salz
- Prise Zimt

So gehen Sie vor:

1. Das Mehl mit dem Salz und dem Zimt vermischen.
2. Die Margarine mit dem Ahornsirup, dem Wasser, dem Vollkornmehl zu einem Teig verrühren und ca. 60 Minuten stehen lassen.
3. Dann nochmal gut durchrühren und das Waffeleisen vorheizen, mit Butter bestreichen und die Waffeln für ca. 4 Minuten backen

Belgische Waffeln mit Sirup

Geeignet für ca.: 8 Portionen

Zubereitungszeit: 20 Minuten

Diese Zutaten benötigen Sie:

- 30g Hefe
- 150g Hagelzucker
- 350g Mehl
- 300ml Sojamilch
- 140g Pflanzliche Margarine
- 1 ½ Packungen Vanillezucker
- 1 Prise Salz

So gehen Sie vor:

1. Die Sojamilch erwärmen und anschließend mit der Hefe, dem Vanillezucker, dem Salz und dem Mehl vermischen.
2. Die Margarine schmelzen lassen und mit dem in Schritt 1 erstellten Teig vermengen (Nun 40 Minuten ziehen lassen).
3. Jetzt nur noch den Zucker hinzugeben und nochmal gut durchrühren und das Waffeleisen vorheizen, mit Butter bestreichen und die Waffeln für ca. 4 Minuten backen.
4. Die Waffeln können nun nach Belieben mit Ahornsirup garniert werden.

Vanilleeis Waffeln

Geeignet für ca.: 6 Portionen

Zubereitungszeit: 10 Minuten

Diese Zutaten benötigen Sie:

- 125g Mehl
- 250ml Sojamilch
- 50g pflanzliche Margarine
- 50g Zucker
- 6EL Vanilleeis (Vegan)
- 6EL Apfelmus
- 1TL Backpulver
- 1 Packung Vanillezucker
- 1 Prise Salz

So gehen Sie vor:

1. Den Zucker, das Mehl, das Backpulver, den Vanillezucker und das Salz miteinander vermischen.
2. Die Margarine zum Schmelzen bringen und zusammen mit der Sojamilch und dem Apfelmus zu der Backpulvermischung hinzugeben. Alles zu einem Teig verrühren.
3. Das Waffeleisen vorheizen, mit Butter bestreichen und die Waffeln für ca. 4 Minuten backen.
4. Nach Belieben noch mit Vanilleeis garnieren

Lütticher Waffeln mit Hagelzucker

Geeignet für ca.: 6 Portionen

Zubereitungszeit: 15 Minuten

Diese Zutaten benötigen Sie:

- 200ml Sojamilch
- 175g Mehl
- 100g Butter (Vegan)
- 80g Hagelzucker
- ½ Würfel frische Hefe
- Prise Salz
- 1 Packung Vanillezucker

So gehen Sie vor:

1. Die Sojamilch erwärmen und anschließend mit der Hefe, dem Vanillezucker, dem Mehl und dem Salz vermengen und gut um rühren.
2. Butter zum Schmelzen bringen und unter den Teig rühren (Nun für 40 Minuten ziehen lassen).
3. Jetzt nur noch den Hagelzucker unter den Teig rühren und das Waffeleisen vorheizen, mit Butter bestreichen und die Waffeln für ca. 4 Minuten backen.

Waffeln aus Möhren

Geeignet für ca.: 12 Portionen

Zubereitungszeit: 30 Minuten

Diese Zutaten benötigen Sie:

- 500g Möhren
- 300g Kartoffeln
- 2 EL Buchweizen
- 6 gemahlene Pfeffer-körner
- 30g Ingwer (fein ge-hackt)
- ½ TL Salz
- 1 Prise Zucker
- Muskat (frisch gerie-ben)
- Etwas Margarine

So gehen Sie vor:

1. Möhren und Kartoffeln schälen, fein raspeln und mit einem Pürierstab pürieren. Das Pürierte in ein Leinentuch legen, um den Saft auszudrücken.
2. Salz, Zucker, Pfeffer, Muskatnuss und Buchweizen miteinander vermischen und bei den pürierten Möhren und Kartoffeln untermischen.
3. Das Waffeleisen vorheizen und mit der Margarine bestreichen. Den Teig portionsweise einfüllen und die Waffeln auf mittlerer Hitze für ca. 8 Minuten backen lassen.

Herzhafte vegane Waffeln

Geeignet für ca.: 8 Portionen

Zubereitungszeit: 15 Minuten

Diese Zutaten benötigen Sie:

- 200ml Mineralwasser
- 125g Mehl
- 3 Vegane Käsescheiben
- 3 Scheiben veganer Aufschnitt
- 1 TL Backpulver
- 1 EL Pflanzenöl
- ½ TL Paprikapulver
- Salz, Pfeffer, Petersilie

So gehen Sie vor:

1. Alle Zutaten miteinander vermischen (außer den Käse + Aufschnitt). Käse und Aufschnitt in kleine Stücke schneiden und in den Teig einrühren.
2. Das Waffeleisen vorheizen und mit etwas Butter einfetten, dann den Teig portionsweise einfüllen und je nach Belieben backen.

Tipp: Dazu passt optimal ein Kräuter-Quark Dip.

Dafür einfach 200g veganen Quark mit etwas Petersilie, Zwiebel, Salz und Pfeffer verrühren.

Low carb Waffelrezepte

Rezepte

Auf den nachfolgenden Seiten finden Sie Low carb Waffelrezep-
tideen

Haferflocken Waffeln

Geeignet für ca.: 8 Portionen

Zubereitungszeit: 30 Minuten

Diese Zutaten benötigen Sie:

- 125g Haferflocken
- 250ml Milch
- 2EL Butter
- 3EL Zucker
- ½ TL Zimt
- 2 Eier

So gehen Sie vor:

1. Die Haferflocken mit der Milch verrühren.
2. Die anderen Zutaten dazu geben und alles zu einem glatten Teig schlagen.
3. Das Waffeleisen vorheizen und mit etwas Butter einfetten, dann den Teig portionsweise einfüllen und je nach Belieben backen.

Joghurt Waffeln

Geeignet für ca.: 6 Portionen

Zubereitungszeit: 10 Minuten

Diese Zutaten benötigen Sie:

- 60g Proteinpulver (Vanille)
- 200g Joghurt
- 50g Mandelmehl
- 4 Eier
- 2 TL Backpulver

So gehen Sie vor:

1. Die Eier mit dem Joghurt verrühren. Das Mehl, das Backpulver und das Proteinpulver vermischen und portionsweise in die Joghurtmischung rühren.
2. Das Ganze nochmal ordentlich miteinander verrühren.
3. Jetzt das Waffeleisen vorheizen und mit etwas Butter einfetten, dann den Teig portionsweise einfüllen und je nach Belieben backen.
4. Die Waffeln können noch mit Puderzucker oder Früchten garniert werden.

Beeren Waffeln

Geeignet für ca.: 6 Portionen

Zubereitungszeit: 5 Minuten

Diese Zutaten benötigen Sie:

- 2 Eier
- 50g Magerquark
- 40g weiche Butter
- 3 EL Proteinpulver (Vanille)
- 1/2TL Backpulver
- 1 EL Öl
- 1 Spritzer Süßstoff

So gehen Sie vor:

1. Die Butter mit den Eiern verquirlen und anschließend die restlichen Zutaten dazu rühren.
2. Der Teig kann nun portionsweise in das Waffeleisen gegeben werden und für ca. 4 Minuten backen.
3. Nun können die Waffeln mit leckeren Beeren garniert werden. Empfehlenswert sind Himbeeren und Heidelbeeren.

Mandel und Quark Waffeln

Geeignet für ca.: 3 Portionen

Zubereitungszeit: 5 Minuten

Diese Zutaten benötigen Sie:

- 50g Quark
- 2 Eier
- 35g gemahlene Mandeln
- 3 EL Proteinpulver
- 1 EL Walnussöl

So gehen Sie vor:

1. Alle Zutaten miteinander vermischen, am besten mit einem Handrührgerät.
2. Das Waffeleisen vorheizen und mit etwas Butter einfetten, dann den Teig portionsweise einfüllen und je nach Belieben backen.
3. Anschließend können die fertigen Waffeln noch nach Belieben garniert werden.

Saftige Waffeln

Geeignet für ca.: 8 Portionen

Zubereitungszeit: 10 Minuten

Diese Zutaten benötigen Sie:

- 4 Eier
- 100g Quark
- 60g Butter
- 6 EL Eiweißpulver (Vanille)
- 2 EL Öl

So gehen Sie vor:

1. Butter in der Mikrowelle schmelzen lassen und anschließend abkühlen lassen.
2. Die geschmolzene Butter mit den Eiern, dem Quark und dem Öl vermischen.
3. Jetzt noch das Eiweißpulver unterrühren und dann das Waffeleisen vorheizen und mit etwas Butter einfetten, danach den Teig portionsweise einfüllen und je nach Belieben backen.

Nussige Waffeln

Geeignet für ca.: 4 Portionen

Zubereitungszeit: 5 Minuten

Diese Zutaten benötigen Sie:

- 2 Eier
- 2 EL gemahlene Nüsse
- 2 EL Mandelmehl
- ½ TL Backpulver
- 1 EL Sojamehl
- 2 EL Mandelmehl
- 75ml Mandelmilch
- Je nach Belieben: Zimtpulver, Vanillearoma, Kakaopulver

So gehen Sie vor:

1. Alle angegebenen Zutaten miteinander vermischen und zu einem Teig rühren.
2. Jetzt das Waffeleisen vorheizen und mit etwas Butter einfetten, dann den Teig portionsweise einfüllen und je nach Belieben backen.

Kokos Waffeln

Geeignet für ca.: 6 Portionen

Zubereitungszeit: 5 Minuten

Diese Zutaten benötigen Sie:

- 4 Eier
- 4 EL Milch
- 2 EL Zucker
- 1 TL Backpulver
- 50g Kokosmehl

So gehen Sie vor:

1. Das Eiweiß von den 4 Eiern trennen und steif schlagen und Zucker nach und nach einrieseln lassen.
2. Die Milch mit dem Eigelb vermischen und das Backpulver mit dem Kokosmehl. Dann beide Mischungen miteinander vermischen und unter den Eisschnee heben.
3. Das Waffeleisen vorheizen und mit etwas Butter einfetten, dann den Teig portionsweise einfüllen und je nach Belieben backen.

Protein Waffeln

Geeignet für ca.: 4 Portionen

Zubereitungszeit: 5 Minuten

Diese Zutaten benötigen Sie:

- 60g Quark
- 100g Proteinpulver (Vanille)
- 200ml Milch
- 4 EL Wasser
- 4 TL Zucker
- 2 Eier
- Etwas Puderzucker

So gehen Sie vor:

1. Alle Zutaten miteinander vermischen (außer den Puderzucker).
2. Das Waffeleisen vorheizen und mit etwas Butter einfetten, dann den Teig portionsweise einfüllen und je nach Belieben backen.
3. Waffeln etwas abkühlen lassen und dann mit Puderzucker bestreuen.

Glutenfreie Waffelrezepte

Rezepte

Auf den nachfolgenden Seiten finden Sie glutenfreie Waffelrezeptideen

Klassische Waffeln glutenfrei

Geeignet für ca.: 6 Portionen

Zubereitungszeit: 10 Minuten

Diese Zutaten benötigen Sie:

- 200ml Milch
- 3 Eier
- 125g weiche Butter
- 100g Zucker
- 200g glutenfreies Mehl
- 1 Packung Vanillezucker
- 1 TL glutenfreies Backpulver

So gehen Sie vor:

1. Die weiche Butter mit Zucker und Vanillezucker schaumig rühren. Die Eiinhalte voneinander trennen und das Mehl mit dem Backpulver vermischen.
2. Die Mehlmischung, die Milch und die 3 Eigelbs abwechselnd unter die schaumige Butter geben.
3. Eiweiß steif schlagen und unter die Teigmasse heben.
4. Das Waffeleisen vorheizen und mit etwas Butter einfetten, dann den Teig portionsweise einfüllen und je nach Belieben backen.

Waffeln mit Kochbananen

Geeignet für ca.: 6 Portionen

Zubereitungszeit: 10 Minuten

Diese Zutaten benötigen Sie:

- 4 Eier
- 2 grüne Kochbananen
- 3 EL Kokosöl
- 2 TL Vanilleextrakt
- ½ TL Backpulver
- 1 Prise Salz

So gehen Sie vor:

1. Die Kochbananen schälen und klein schneiden (am besten vierteln) und zusammen mit den Eiern verrühren.
2. Die restlichen Zutaten hinzufügen und nochmals alles miteinander kräftig verrühren.
3. Das Waffeleisen vorheizen und mit etwas Butter einfetten, dann den Teig portionsweise einfüllen und je nach Belieben backen.

Quark Waffeln

Geeignet für ca.: 8 Portionen

Zubereitungszeit: 10 Minuten

Diese Zutaten benötigen Sie:

- 250g Quark
- 200g Buchweizenmehl
- 100g Joghurt
- 4 Eier
- 1 TL Backpulver
- 4 EL brauner Zucker
- 4 EL weiche Butter
- 3 TL Vanilleextrakt

So gehen Sie vor:

1. Die weiche Butter zusammen mit dem Zucker schaumig rühren und die Eierinhalte voneinander trennen. Dann das Eigelb nacheinander unterziehen.
2. Das Eiweiß steif schlagen.
3. Die anderen Zutaten zu der aus Schritt 1 erstellten Mischung geben und umrühren. Anschließend das geschlagene Eiweiß unter den Teig heben.
4. Das Waffeleisen vorheizen und mit etwas Butter einfetten, dann den Teig portionsweise einfüllen und je nach Belieben backen.

Herzhafte Waffeln mit Avocado-Creme

Geeignet für ca.: 6 Portionen

Zubereitungszeit: 20 Minuten

Diese Zutaten benötigen Sie:

- 1 große Süßkartoffel
- 2 Eier
- ½ TL Salz
- 2 EL Kokosmehl

Avocado-Creme:

- 1 Ei
- 2 Frühlingszwiebeln
- 1 Limette
- 2 EL Essig
- Pfeffer / Salz
- Koriander

So gehen Sie vor:

1. Die Süßkartoffel schälen und klein raspeln. Anschließend alle anderen Zutaten dazu geben und vermengen.
2. Die Avocado-Creme zubereiten. Dafür die Avocado schälen, entkernen und pürieren. Dann die Limette auspressen und den Saft dazu geben.
3. Die Frühlingszwiebeln schälen, in Ringe schneiden und unter die Creme rühren. Das Ganze mit Salz und Pfeffer abschmecken.
4. Das Waffeleisen vorheizen und mit etwas Butter einfetten, dann den Teig portionsweise einfüllen und je nach Belieben backen.
5. Die fertigen Waffeln mit der Creme bestreichen.

Belgische Kürbis Waffeln

Geeignet für ca.: 10 Portionen

Zubereitungszeit: 20 Minuten

Diese Zutaten benötigen Sie:

- 4 Eier
- 300g Buchweizenmehl
- 200ml Milch
- 200ml Buttermilch
- ½ Kürbis
- 5 EL Zucker
- 1 TL Vanille- Extrakt
- 50ml Öl
- ½ TL Backnatron
- ¼ TL Muskatnuss
- 1 ½ TL Zimt
- ½ TL Salz
- 2 TL Backpulver

So gehen Sie vor:

1. Den Kürbis in Scheiben schneiden und diese dann für 30 Minuten bei ca. 100Grad backen und anschließend pürieren. Den Püree in ein Küchentuch legen und leicht eindrücken, damit die Feuchtigkeit entweicht.
2. Backpulver, Mehl, Backnatron, Muskatnuss, Zimt und Salz miteinander vermischen. Das Eiweiß vom Eigelb trennen und das Eiweiß mit 3 EL Zucker steif schlagen.
3. Eigelb mit Buttermilch, Milch, Kürbispüree, Vanille-Extrakt, Öl und restlichem Zucker vermengen. Diese Masse dann mit der Mehlmischung verrühren und den Eisschnee unterheben.
4. Das Waffeleisen vorheizen und mit etwas Butter einfetten, dann den Teig portionsweise einfüllen und je nach Belieben backen.

Sonntagswaffeln

Geeignet für ca.: 8 Portionen

Zubereitungszeit: 10Minuten

Diese Zutaten benötigen Sie:

- 3 Eier
- 125g Margarine
- 200g Buchweizenmehl
- 50g Zucker
- 250ml lauwarmes Wasser
- 3 TL Backpulver
- 1 Packung Vanillezucker

So gehen Sie vor:

1. Margarine, Vanillezucker und Zucker vermischen. Eier hinzufügen und schaumig rühren.
2. Backpulver und Mehl vermischen und abwechselnd mit dem Wasser zu der Masse aus Schritt 1 geben.
3. Das Waffeleisen vorheizen und mit etwas Butter einfetten, dann den Teig portionsweise einfüllen und je nach Belieben backen.

Tipp: Zu den Sonntagswaffeln passen so gut wie alle Süßen Beilagen, beispielsweise: Puderzucker, Beeren, Sirup…

Waffeln am Stiel und Torten

Rezepte

Auf den nachfolgenden Seiten finden Sie Waffeln am Stiel und Waffeltorten Rezeptideen

Waffeltorte mit Kirschen

Geeignet für ca.: 8 Portionen

Zubereitungszeit: 20 Minuten

Diese Zutaten benötigen Sie:

- 100g Butter
- 1 Glas Kirschen
- 3 Eier
- 2 EL Zucker
- 170g Mehl
- 2 Packungen Vanillin Zucker
- 1 abgeriebene Zitronenschale
- ½Pck. Rote Grütze
- 250g Schmand
- 200g Schlagsahne
- 1 TL Backpulver
- 1 TL Zimt
- 100ml Milch
- 1Pck. Sahnesteif

So gehen Sie vor:

1. Zu Beginn die Kirschen abtropfen und den Saft in einem Topf aufkochen lassen. Die rote Grütze in etwas Wasser rühren, die Kirschen hinzufügen und nochmals aufkochen.
2. Den Zucker, die Butter, den Vanillinzucker, das Salz und die geriebene Zitronenschale cremig rühren und die Eier unterrühren.
3. Mehl und Backpulver dazu mischen und den fertigen Teig in das Waffeleisen füllen und ca. 3-4 Minuten backen lassen.

4. Die Waffeln abkühlen lassen und währenddessen die Sahne und den Schmand steif schlagen.
5. Nun jede Waffel mit der Schmandsahne und dem Kirschkompott beschichten und zu einer Torte aufstapeln und mit Zucker und Zimt garnieren.

Sahnige Waffeltorte mit Marmelade

Geeignet für ca.: 8 Portionen

Zubereitungszeit: 45 Minuten

Diese Zutaten benötigen Sie:

- 250g Mehl
- 200ml Milch
- 125g weiche Butter
- 3 Eier
- 2 TL Backpulver
- 3 EL Zucker
- 1 Becher Schlagsahne
- 1 Glas Konfitüre
- Etwas Mineralwasser
- 1Pck. Vanillezucker

So gehen Sie vor:

1. Die Butter schaumig schlagen. Anschließend die Eier nach und nach unterheben.
2. Mehl und Backpulver vermischen und zusammen mit der Milch abwechselnd in die schaumige Butter einrühren.
3. Etwas Mineralwasser hinzufügen, so dass der Teig locker wird. Nun den fertigten Teig 15 Minuten ruhen lassen.
4. Das Waffeleisen vorheizen, mit Butter bestreichen und die Waffeln für ca. 4 Minuten backen.
5. Die Marmelade zusammen mit etwas Schlagsahne in einem Topf erwärmen. Anschließend die restliche Schlagsahne und den Vanillezucker steif schlagen.
6. Die Waffeln zu einer Torte stapeln und jede Waffel mit der Marmelade und der Sahne beschichten.

Klassische Stielwaffeln

Für dieses Rezept ist ein extra Waffeleisen für Stieflwaffeln nötig

Geeignet für ca.: 6 Portionen

Zubereitungszeit: 20 Minuten

Diese Zutaten benötigen Sie:

- 125g Mehl
- 2 Eier
- 100ml Milch
- 60g Butter
- 1 Schuss Mineralwasser
- 2 EL Zucker
- 2 TL Backpulver

So gehen Sie vor:

1. Zucker und Butter miteinander cremig rühren und anschließend die Eier unterrühren. Mehl und Backpulver ebenfalls vermischen, dann Milch und Buttermasse unterrühren.
2. Etwas Mineralwasser hinzufügen, damit der Teig lockerer wird.
3. Teig für ca. 15 Minuten ziehen lassen.
4. Das extra Stielwaffeleisen einfetten, den Teig portionsweise einfüllen und einen Stiel in die dafür vorgesehene Öffnung legen. Nun die Waffeln für ca. 3 Minuten backen lassen.

Sahne Waffeln

Für dieses Rezept ist ein extra Waffeleisen für Stieflwaffeln nötig

Geeignet für ca.: 6 Portionen

Zubereitungszeit: 5 Minuten

Diese Zutaten benötigen Sie:

- 2 Eier
- 150ml Milch
- 150g warme Butter
- 250g Mehl
- 50ml Sahne
- 100g Puderzucker
- 1 Prise Salz
- 1 TL Backpulver

So gehen Sie vor:

1. Zu Beginn die Butter schaumig schlagen und anschließend den Puderzucker und die Eier dazugeben.
2. Nun Mehl, Backpulver und Salz unter die Masse rühren.
3. Sahne und Milch ebenfalls dazu geben und alles miteinander verrühren.
4. Das extra Stielwaffeleisen einfetten, den Teig portionsweise einfüllen und einen Stiel in die dafür vorgesehene Öffnung legen. Nun die Waffeln für ca. 3 Minuten backen lassen.

Schokoladen Waffeln

Für dieses Rezept ist ein extra Waffeleisen für Stieflwaffeln nötig

Geeignet für ca.: 6 Portionen

Zubereitungszeit: 10 Minuten

Diese Zutaten benötigen Sie:

- 2 Eier
- 250g Mehl
- 175ml Milch
- 125g warme Butter
- 100g Puderzucker
- 1 TL Backpulver
- 1 TL Zimt
- 1 Prise Salz
- Schokoladensoße

So gehen Sie vor:

1. Eigelb und Eiweiß voneinander trennen. Butter schaumig rühren und dann Puderzucker hinzugeben und Eigelb unterheben.
2. Mehl, Backpulver, Zimt und etwas Salz miteinander vermischen und ebenfalls zur Buttermasse hinzurühren.
3. Die Milch hinzugeben und verrühren. Anschließend das Eiweiß zu Schnee schlagen und unter den Teig heben.
4. Das extra Stielwaffeleisen einfetten, den Teig portionsweise einfüllen und einen Stiel in die dafür vorgesehene Öffnung legen. Nun die Waffeln für ca. 3 Minuten backen lassen.

Fluffige Waffeln

Für dieses Rezept ist ein extra Waffeleisen für Stieflwaffeln nötig

Geeignet für ca.: 8 Portionen

Zubereitungszeit: 10 Minuten

Diese Zutaten benötigen Sie:

- 2 Eier
- 350g Mehl
- 200ml Milch
- 150g Butter
- 50g Zucker
- 2 EL Vanillezucker
- 1 TL Backpulver
- ½ TL Zimt

So gehen Sie vor:

1. Vanillezucker, Zucker, Butter und Eier miteinander vermengen.
2. Milch, Backpulver, Mehl und Zimt hinzugeben und alles gut miteinander verrühren.
3. Das extra Stielwaffeleisen einfetten, den Teig portionsweise einfüllen und einen Stiel in die dafür vorgesehene Öffnung legen. Nun die Waffeln für ca. 3 Minuten backen lassen.

Himbeer Waffeln

Für dieses Rezept ist ein extra Waffeleisen für Stieflwaffeln nötig

Geeignet für ca.: 12 Portionen

Zubereitungszeit: 20 Minuten

Diese Zutaten benötigen Sie:

- 250ml Milch
- 150g Butter
- 500g Mehl
- 50g Kuvertüre
- 1 Schuss Mineralwasser
- 80g Zucker
- 1Pck. Backpulver
- 1Pck. Vanillezucker
- Prise Salz
- 4 Eier
- Prise Zimt
- Schuss Himbeersaft
- Abrieb einer Zitrone

So gehen Sie vor:

1. Die Butter erhitzen, so dass sie flüssig wird, dann abkühlen lassen. Zucker, Vanillezucker, Zimt und Salz zusammen mit den Eiern zu einer Masse rühren.
2. Die Flüssige Butter und die Milch zu der hergestellten Masse hinzufügen. Nun Backpulver und Mehl miteinander vermischen und ebenfalls unter die Masse rühren.
3. Zitronenabrieb und Mineralwasser in den Teig mischen und anschließend den Teig für ca. 15 Minuten ruhen lassen.
4. Das extra Stielwaffeleisen einfetten, den Teig portionsweise einfüllen und einen Stiel in die dafür vorgesehene Öffnung legen. Nun die Waffeln für ca. 3 Minuten backen lassen.

Weihnachtliche Waffelrezepte

Rezepte

Auf den nachfolgenden Seiten finden Sie weihnachtliche Waffel-
rezeptideen

Apfelwaffeln mit Rum und Zimt

Geeignet für ca.: 8 Portionen

Zubereitungszeit: 15 Minuten

Diese Zutaten benötigen Sie:

- 4 Eier
- 250g warme Butter
- 250g Mehl
- 100g Zucker
- 200g säuerliche Äpfel
- 125ml Milch
- 1 TL Backpulver
- 2 TL Zimt
- 1Pck. Vanillezucker
- 1 Prise Salz
- 50g gemahlene Haselnüsse

So gehen Sie vor:

1. Die Äpfel schälen, entkernen und in Würfel schneiden. Anschließend Rum, 50 g vom Zucker und Zimt über die Würfel geben und ziehen lassen.
2. Die warme Butter schaumig rühren. Eiweiß vom Eigelb trennen und das Eigelb zusammen mit dem restlichen Zucker und dem Vanillezucker zur schaumigen Butter geben.
3. Das Eiweiß mit dem Salz steif schlagen. Das Mehl mit dem Backpulver vermischen und unter die Mischung aus Schritt 2 rühren. Den Eisschnee ebenfalls dazu rühren und nun noch die Apfelstücke und die Haselnüsse hinzufügen.
4. Das Waffeleisen vorheizen, mit Butter bestreichen und die Waffeln für ca. 4 Minuten backen.

Schokowaffeln mit Zimt

Geeignet für ca.: 6 Portionen

Zubereitungszeit: 20 Minuten

Diese Zutaten benötigen Sie:

- 3 Eier
- 100g Honig
- 100g weiche Butter
- 150ml Milch
- 200g Mehl
- 1 TL Zimt
- 1Pck. Vanillezucker
- 1Pck. Flüssige Vanille
- 1 EL Kakaopulver
- 1Pck. Orangenzucker (Aroma)
- ½Pck. Backpulver
- 1 Prise Salz

So gehen Sie vor:

1. Eier, Honig, weiche Butter, Zimt, Vanillezucker, Flüssige Vanille und das Orangen-Aroma zu einem Teig verrühren.
2. Das Mehl mit dem Backpulver vermischen und abwechselnd mit der Milch in den Teig einrühren.
3. Das Kakaopulver unter den Teig rühren, bis dieser schaumig wird.
4. Das Waffeleisen vorheizen, mit Butter bestreichen und die Waffeln für ca. 4 Minuten backen.
5. Jetzt können die Waffeln noch nach Belieben garniert werden, zum Beispiel mit Sahne und Kirschen.

Vanille Waffeln

Geeignet für ca.: 8 Portionen

Zubereitungszeit: 10 Minuten

Diese Zutaten benötigen Sie:

- 4 Eier
- 200ml Mineralwasser
- 125g warme Butter
- 100g Vollrohrzucker
- 125g Buchweizenmehl
- 125g Weizenvollkornmehl
- 1 Vanilleschote
- 2 TL Backpulver

So gehen Sie vor:

1. Die warme Butter zusammen mit dem Zucker schaumig rühren. Das Vanillemark zusammen mit den Eiern zu der schaumigen Butter geben und dort einrühren.
2. Mehl und Backpulver vermischen und ebenfalls zu der Mischung aus Schritt 1 rühren.
3. Mineralwasser hinzufügen, so dass der Teig flüssiger wird.
4. Das Waffeleisen vorheizen, mit Butter bestreichen und die Waffeln für ca. 4 Minuten backen.

Lebkuchenwaffeln

Geeignet für ca.: 8 Portionen

Zubereitungszeit: 10 Minuten

Diese Zutaten benötigen Sie:

- 4 Eier
- 250ml Milch
- 250g Mehl
- 60g Butter
- 2 TL Lebkuchengewürz
- 2 TL Backpulver

So gehen Sie vor:

1. Bei diesem Rezept, einfach alle gelisteten Zutaten in einer Schüssel miteinander verrühren bis ein gleichmäßiger Teig entsteht.
2. Das Waffeleisen vorheizen und mit etwas Butter einfetten, dann den Teig portionsweise einfüllen und je nach Belieben backen.

Tipp: Die Lebkuchenwaffeln schmecken vor allem mit Sahne sehr lecker.

Waffeln nach Stollenart

Geeignet für ca.: 14 Portionen

Zubereitungszeit: 20 Minuten

Diese Zutaten benötigen Sie:

- 6 Eier
- 450g Mehl
- 150g Zucker
- 350ml Milch
- 225g weiche Butter
- 100g gemahlene Mandeln
- 100g Rosinen
- 15 Stücke Zitronat
- 1Pck. Backpulver
- 1 Vanilleschote
- Prise Zimt, Rum und Salz

So gehen Sie vor:

1. Zu Beginn etwas Rum in eine kleine Schüssel geben und das Zitronat mit den Rosinen für ca. 30 Minuten darin einweichen lassen.
2. Eier, weiche Butter, Vanillemark, Zucker und Zimt miteinander vermischen.
3. Backpulver und Mehl vermischen und abwechselnd mit der Milch zu der Mischung aus Schritt 2 rühren. Das eingeweichte Zitronat, die Rosinen und die gemahlenen Mandeln ebenfalls dazugeben.
4. Das Waffeleisen vorheizen und mit etwas Butter einfetten, dann den Teig portionsweise einfüllen und je nach Belieben backen.

Schlusswort

Wir danken Ihnen

Wir hoffen, dass Sie durch dieses Buch einige neue Dinge kennengelernt haben und Ihnen dieses Buch geholfen hat. Falls ja, würden wir uns über eine positive Rezension Ihrerseits freuen. Falls Sie Verbesserungsvorschläge und konstruktive Kritik äußern möchten, können Sie uns gerne eine E-Mail schicken. Wir arbeiten Tag für Tag an neuen Rezepten, Büchern und an der Verbesserung bereits bestehender Bücher. Kochen ist unsere Leidenschaft und wir sind dankbar diese Leidenschaft mit Ihnen teilen zu dürfen. Daher wollen wir Ihnen für den Kauf dieses Buches danken und Ihnen viel Erfolg mit weiteren Kochbüchern wünschen.

Schreiben Sie einfach an: veolas-aix@outlook.com

Gourmet Masters

Falls Sie Lust auf Mehr bekommen haben, können Sie gerne auf Amazon unter Gourmet Masters unsere weiteren Bücher finden

Impressum

Die Gourmet Masters werden vertreten durch:

Alkan & Harms GbR

Münsterstraße 42

52076 Aachen

Gesellschafter: Ogulcan Alkan und Lukas Harms

3. Auflage, 2020

Kontakt: veolas-aix@outlook.com

Covergestaltung: www.fiverr.com

Images: „Freepik.com – Die Vektoren wurden mit Ressourcen von Freepik.com erstellt

Haftungsausschluss

Die Umsetzung aller enthaltenen Informationen, Anleitungen und Strategien dieses Buches ist auf eigene Gefahr. Für jeglichen Schaden kann der Autor aus keinem Rechtsgrund eine Haftung übernehmen. Haftungsansprüche gegen den Autor für Schäden materieller oder ideeller Art, die durch die Nutzung oder Nichtnutzung der Informationen bzw. durch die Nutzung fehlerhafter und/oder unvollständiger Informationen verursacht wurden, sind grundsätzlich ausgeschlossen. Rechts- und Schadenersatzansprüche sind daher ausgeschlossen. Das Werk inklusive aller Inhalte wurde unter größter Sorgfalt erarbeitet. Der Autor übernimmt keine Haftung für die Aktualität, Richtigkeit und Vollständigkeit der Inhalte des Buches, ebenso nicht für Druckfehler. Es kann keine juristische Verantwortung sowie Haftung in irgendeiner Form für fehlerhafte Angaben und daraus entstandenen Folgen vom Autor übernommen werden.

Urheberrechtsschutz

Printed in Germany
by Amazon Distribution
GmbH, Leipzig

25506736R00051